AF496297

CATALOGUE DE TABLEAUX FLAMANDS ET HOLLANDOIS,

VENANT D'ALLEMAGNE;

Formant la collection de Monsieur DE (VIGNEUX) DE MANNHEIM.

Dont la Vente se fera le Mercredi 7 Août 1776, & jours suivants, rue Saint Honoré, Hôtel d'Aligre, où le présent Catalogue se distribue.

Le Dimanche 4, Lundi 5, & Mardi 6, l'on pourra voir les objets, depuis 10 heures, jusqu'à 2.

A PARIS,
De l'Imprimerie de P. FR. GUEFFIER, au bas de la rue de la Harpe.

M. DCC. LXXVI.

CATALOGUE

DE TABLEAUX.

GERARD LAIRESSE.

1. Le sujet de ce tableau est Bacchus & Ariane. A gauche, on apperçoit Siléne sur son âne, faisant son entrée, précédé de quantité de Nymphes, & soutenu par des Faunes. Au côté opposé, on voit une orgie de jeunes filles qui dansent, & sur le premier plan, une femme ivre, avec des enfans. Ce morceau très-capital est d'une grande pureté de dessin & d'un beau coloris. Le propriétaire a préféré qu'il fût exposé en vente avec l'accident qui lui est arrivé en route par le frotte-

ment de la caiſſe, à ce qu'il fût retouché. Largeur 66 pouces ; hauteur 42 pouces. T.

P. VAN MOL, Diſciple de RUBENS.

2. La continence de Scipion, ce tableau d'une belle ordonnance & d'une belle couleur, eſt enrichi, ſur le devant, de différens vaſes précieux, & autres acceſſoires analogues. Largeur 27 pouces ; hauteur 20 pouces. B.

ADRIEN VAN HANNEMANN
Diſciple de VAN DYCK.

3. Le portrait de ce Peintre repréſenté aſſis, la main gauche appuyée ſur le doſſier de ſa chaiſe, la tête eſt vue de trois quarts, & coëffée de grands cheveux : ce tableau eſt peint très-largement. Haut. 30 pouces ; largeur 24. T.

HENRY ROOS.

4. Deux tableaux repréſentant différens animaux, rendus avec beaucoup de vérité. Largeur 10 pouces, hauteur 9 pouces. T.

JEAN BOTH, *d'Italie.*

5. Un payſage chaud de couleur, d'une touche fine & ſpirituelle ; le milieu du

tableau présente un terrein élevé, où se voit une porte ruinée : sur le devant, est une riviere, où deux hommes vont se baigner ; de l'autre côté de la riviere, plusieurs animaux & autres petites figures : des lointains bien entendus terminent la composition de ce tableau que l'on cite comme un des plus beaux de ce Maître, qui a sçu rendre la chaleur du jour avec une vérité surprenante. Hauteur 20 pouces ; largeur 18. T.

HUYSSMANN *de Malines.*

6. Deux paysages intéressans par leurs sites, & de la plus riche couleur, ornés de quantité de figures & quelques animaux. Ces deux tableaux sont des meilleurs de ce Maître. Largeur 30 pouces ; hauteur 24 pouces. T.

ALEXANDRE KIERINGS.

7. Un paysage riche de composition, & d'un grand fini. Le milieu est occupé par un groupe d'arbres, dont le feuillé est des plus précieux : à gauche, dans le lointain, est une vue de riviere : à droite, se voit l'entrée d'un bois, & Abraham

répudiant Agar & ſon fils: ces trois figures, peintes par Polemburg, donnent à ce tableau un intérêt de plus. Largeur 42 pouces; hauteur 28 pouces. B.

LUDOLPF BAKUYSEN.

8. Une mer agitée, & dans l'éloignement des barques de Pêcheurs: le Ciel qui ſe charge de nuages, produit dans ce tableau l'effet le plus vrai. Largeur 30 pouces; hauteur 21. T.

JACQUES RUYSDAAL.

9. Un payſage montagneux, d'où ſort une chûte d'eau, formant caſcade dans des rochers; ſur la droite, au milieu, un grouppe d'arbres d'un beau feuillé, & à gauche des lointains & pluſieurs animaux. Ce tableau eſt d'une couleur vigoureuſe, & ſavant de touche. Largeur 36 pouces; hauteur 30. T.

Le pendant, par Aldert van Everdingen, repréſente une vue de la mer de Groenlande, traverſée de rochers, dans leſquels quelques vaiſſeaux ont fait naufrage; de hautes montagnes terminent la compoſition de ce tableau.

MELCHIOR ONDEKOTER.

10. Une poule blanche, environnée de ses poussins : sur le devant, deux autres poules Angloises, dont une est à couver ; sur un plan élevé, on voit un coq d'un plumage doré. Le fond de ce tableau est un paysage d'une belle couleur, & le tout est d'une très-grande vérité. Hauteur 38 pouces ; largeur 28. T.

Le même.

11. Cinq canards, dont un est au vol ; sur le devant une terrasse avec un fond de paysage, aussi bien peint que le précédent. Hauteur 32 pouces, largeur 28 pouces. T.

NETSCHER.

12. Le portrait d'une femme, en attitude d'accorder un violon ; sur une table, près d'elle, on voit des livres de musique, & un archet. Larg. 16 pouces ; haut. 14. T.

MICHEL MUTTSCHER.

13. Une jeune & jolie fille languissante, à laquelle un Médecin vêtu à l'Espagnole, tâte le pouls ; il paroît indiquer au pere inquiet, par un signe moqueur, le genre de la maladie de la jeune fille. A gauche,

près d'une table, on voit la mere qui prépare des médicamens, & une Servante qui lui frappe sur l'épaule pour la questionner: les expressions des têtes & leur finesse, la vérité des étoffes, sont portées au plus haut degré de perfection. Hauteur 25 pouces; largeur 22 pouces. T.

JEAN STEEN.

14. Deux hommes & une femme qui jouent aux cartes, deux autres sont occupés à les regarder. L'effet de la lumiere qui les éclaire est fort juste & vrai. Largeur 13 pouces; hauteur 11. B.

SCHELLINGS.

15. Un paysage montagneux, au bas duquel est un chemin où passe un Cavalier, un Paysan conduisant un âne, & quelques autres figures très spirituellement touchées: à gauche, on voit une riviere, terminée par un pays étendu: tableau riche & bien ordonné. Largeur 24 pouces; hauteur 20 pouces. T.

LE VIEUX MOUCHERON.

16. Un paysage montagneux, orné de figures & animaux: ce tableau est d'une touche légere, les arbres en sont bien feuillés,

& la couleur eſt fraîche & vraie. Largeur 28 pouces; hauteur 23 pouces. T.

JEAN VYNANTZ.

17. Deux payſages d'Italie, d'un ſite montagneux; chacun eſt traverſé d'un chemin très-étendu, où l'on voit des figures & animaux. Ces tableaux chauds de couleur & d'une touche légere, indiquent qu'ils ſont du tems que ce Peintre travailloit dans la maniere de Claude Lorrain, étant en Italie. Largeur 27 pouces; hauteur 26 pouces. T.

JEAN VANDERMEER.

18. Deux tableaux faiſant pendans, qui repréſentent des vues plates de Hollande, fort au naturel: l'effet du Soleil qui éclaire ces tableaux eſt d'une vérité frappante; les figures dont ils ſont ornés, ſont d'Adrien Vandevelde. Larg. 25 pouces; hauteur 20 pouces. T.

Le même.

19. Un payſage dont l'effet eſt un Soleil couchant; dans le milieu, eſt un chemin où paſſent pluſieurs hommes & femmes conduiſant des animaux; dans le fond,

de hautes montagnes & des côteaux. Largeur 27 pouces; hauteur 23 pouces. T.

EMMANUEL MURANT.

20. La vue d'un canal de Hollande & quelques maisons de Paysans. Ce petit tableau clair, & d'un ton de couleur argentin, est un des plus fins de ce Maître, dont Vanderheyden est le Disciple. Largeur 8 pouces; haut 7 pouces. B.

CARLE DE MOOR.

21. Le portrait de ce Peintre, qui est représenté assis, le coude appuyé sur une table, habillé d'une robe de chambre à fleurs d'or, & la tête vue de face. Ce portrait doit être ressemblant, par la grande vérité que l'on y trouve. Hauteur 18 pouces; largeur 14. T.

Le même.

22. Le fils de ce Peintre, assis sur un tapis de velours cramoisi, garni d'une frange d'or; d'une main, il tient un oiseau, & de l'autre, un carquois; les étoffes sont supérieurement peintes dans ce tableau, dont le fond est orné d'un paysage de même hauteur & largeur que le précédent.

DIRCK MAAS.

23. Un rendez-vous de chasse, dans un parc, où est une fontaine & de l'architecture. On voit, sur le devant, un grouppe de quatre personnes à cheval, qui se rafraîchissent; sur la gauche, deux chevaux, tenus par un valet, dont l'un lance une ruade à un chien qui aboie : dans un plan plus éloigné, quatre chevaux de relais; plus loin, un carrosse à six chevaux & plusieurs Cavaliers. Les chevaux & les chiens sont parfaitement bien dessinés & peints dans ce tableau qui mérite attention. Largeur 23 pouces; hauteur 24. T.

Le même.

24. Un campement d'armée; on voit sur la droite une tente, devant laquelle sont quelques personnes prenant des rafraîchissemens : dans le milieu, quatre personnes de distinction à cheval, & dans le fond, un paysage & des lointains. Largeur 28 pouces; hauteur 24. T.

ISAAC OSTADE.

25. Un paysage avec quelques baraques de paysans; à gauche, un chemin où passe

un homme à cheval. Ce tableau eſt d'une excellente couleur, & touché avec beaucoup de goût. Largeur 22 pouces, hauteur 15. B.

Le pendant du précédent eſt auſſi un payſage, au milieu duquel eſt un lac; à gauche & à droite, de grands arbres; & ſur le devant, des Chaſſeurs, peint par Jean Hagen. B.

---

26. L'intérieur d'une chambre de ménage; dans le milieu, on voit le mari & la femme aſſis l'un à côté de l'autre : la femme eſt occupée à éplucher des oignons, & le mari ſe bouche le nez, pour ne pas ſentir l'odeur d'un enfant que la grand-mere eſt après à nettoyer. Dans le fond de la cuiſine, eſt une ſervante accroupie devant une cheminée, & ſur la gauche du tableau ſont trois hommes occupés à boire & à fumer; ſur le devant, on voit un chaudron, une botte d'oignon, & quelques meubles de ménage. Ce tableau rendu & fini avec la plus grande vérité, mérite de porter le nom du meilleur Peintre Hollandois. Il eſt de forme ovale. Largeur 20 pouces; hauteur 15. B.

RENIER BRAKENBURG.

27. L'intérieur d'un Musico de Hollande, dans lequel on voit quantité de figures d'hommes & de femmes, divisés en plusieurs grouppes, tableau d'une belle ordonnance. Largeur 54 pouces; haut. 40 pouces. T.

CHARLES BREYDELL,

surnommé LE PETIT BOURGUIGNON.

28. Deux très-petits tableaux de forme ovale, représentant des batailles, touché avec feu & esprit. C.

VERBOOM.

29. Un paysage d'un beau site, chaud de couleur, qui est traversé d'un chemin où l'on voit plusieurs figures par Vouvermans. Largeur 34 pouces; hauteur 22. B.

BORSOM.

30. Une prairie, où se voient trois vaches & plusieurs moutons; dans le fond, deux chaumieres & des arbres : ce tableau, dans lequel il regne une grande vérité de nature, tient de la maniere de Paul Potter. Largeur 25 pouces; hauteur 20. T.

JEAN VAN GOYEN.

31. La vue d'un village de Hollande, ſitué au bord d'une riviere, & garni, ſur la droite, de pluſieurs arbres; à gauche, on voit aborder une barque remplie d'hommes & de chevaux. Largeur 24 pouces; hauteur 15. B.

Le même.

32. Un tableau des plus fins & de la meilleure couleur de ce Maître. Il repréſente un village Hollandois, traverſé d'une riviere; & ſur le devant, on voit une barque remplie de Pêcheurs. Larg. 14 pouc. haut. 8. B.

Le même.

33. Une vue de mer calme par un tems gris; dans le milieu, deux barques à voile, & ſur le devant, une barque remplie de monde; dans le lointain, la vue d'un village & d'une tour. Largeur 21 pouces; hauteur 13. B.

Le même.

34. La ville de Nimégue, du côté du Rhin; ſur le premier plan, on voit un bacq rempli de paſſagers & d'une voiture publique; & dans le lointain, des barques, avec des

figures : ce tableau eſt d'un effet vrai, & d'une couleur tranſparente. Largeur 21 pouces ; hauteur 15. B.

HERMAN ZAGTT LEVEN.

35. Un petit tableau très-fin, qui repréſente un hiv er, & quantité de Patineurs ſur la glace ; tout y eſt touché avec eſprit & particuliérement les figures. Largeur 9 pouces ; hauteur 6. B.

CORNILLE SAFFT LEVEN.

36. Un ſabbat formé par des chats, ſous diverſes figures & déguiſemens, faiſant un concert. Sur la droite, on voit S. Antoine ſous une chaumiere, en acte de prier, entouré d'oiſeaux & de chouettes. Ce tableau, d'une compoſition toute nouvelle, eſt d'une bonne couleur, & chaque objet rendu avec beaucoup de vérité. Largeur 24 pouces ; hauteur 19. B.

FRANÇOIS POST.

37. Une vue de l'Amérique, où l'on voit une fabrique de ſucre, & pluſieurs Négres qui travaillent ſous les ordres de leur Maître ; & ſur le devant, quantité de plantes & arbres du pays, avec des animaux.

Ce tableau, dans lequel chaque objet est rendu avec une précision étonnante, est clair & d'un ton de couleur des plus vraies. Largeur 33 pouces; hauteur 24. T.

BENJAMIN CUYPP, Ecolier de REMBRAND.

38. Saint Pierre délivré de la prison par l'Ange; tableau de grand effet. Hauteur 34 pouces; largeur 25 pouces. B.

ABRAHAM MIGNON.

39. Deux tableaux, représentant, l'un des huîtres, un raisin noir, un citron, des chevrettes dans une assiette d'étain, un couteau à manche d'Agate & autres fruits. L'autre, une assiette de marons rôtis, une pipe, une boëte de confitures, des raisins secs, amandes & autres objets. Ces deux morceaux sont d'une vérité à faire illusion, & méritent d'être distingués. Hauteur 18 pouces; largeur 15. T.

BREGELKAMP.

40. Un intérieur de chambre, où est assise une vieille femme occupée à manger sa soupe; près d'elle, un jeune garçon qui dit son *Benedicite*, assis devant une table couverte

couverte d'une nape & de différentes choses à manger : quelques ustensiles de ménage terminent la composition de ce tableau, dans lequel il regne la plus grande vérité. Largeur 25 pouces; hauteur 21. B.

JACQUES STURK.

41. Une vue d'un canal aux environs d'Utrecht, ornée sur la droite de plusieurs belles maisons, des barques & nombre de figures. La composition de ce tableau est très-agréable. Largeur 30 pouces; hauteur 22. B.

Le même.

42. L'Abbaye de Theus, de l'autre côté du Rhin, vis-à-vis Cologne : ce tableau d'une touche franche & vraie, est orné de plusieurs navires & bateaux remplis de quantité de figures. Largeur 39 pouces; haut. 28 pouces. T.

BAREND GAAL.

43. Une vue du vieux Paris, du côté du Pont neuf & de l'ancien hôtel de Nesles : on voit dans la riviere nombre de gens conduisant baigner des chevaux; à droite, des bateaux de Blanchisseuses & de gens portant du bois. Ce tableau est intéressant par

le sujet & le mouvement général qui y regne. Largeur 48 pouces; haut 36. T.

Le même.

44. La vue d'une arcade, à travers laquelle on voit un ancien château, & des lointains; sur la droite, une maison, près de laquelle est arrêtée une voiture publique, des Cavaliers & gens de pied. Largeur 27 pouces; hauteur 22 pouces. B.

KLAS MOLENAER.

45. Deux tableaux représentant, l'un l'hiver, & l'autre l'été : à la droite du premier, sont des maisons & baraques de paysans; on voit sur la glace nombre de Patineurs & gens conduisant des traîneaux; l'autre est la vue d'un village au bord d'une riviere, quantité de paysans & paysannes sont devant un cabaret, les uns occupés à boire, les autres à danser : ces deux tableaux sont agréables. Largeur 23 pouces; hauteur 18. B.

Le même.

46. Un paysage transparent de couleur, traversé d'une riviere, où se voient trois barques à la voile, & sur le devant, des

bateaux & Pêcheurs. Largeur 20 pouces; hauteur 15 pouces. B.

Le même.

47. Un petit paysage avec vue d'une riviere, sur le devant de laquelle on voit un homme assis, & un autre debout qui parle au premier, sur la droite une chaumiere. Hauteur 8 pouces; largeur 7 pouces. B.

JEAN MIENZE MOLENAER.

48. Une assemblée de paysans, les uns jouent à la main chaude, d'autres se chauffent à une cheminée, & causent ensemble. Ce tableau est d'une bonne couleur, & est riche en figures. Largeur 32 pouces; hauteur 23. B.

SIMON VAN DOUV.

49. Un choc de cavalerie Turque; à droite, on voit un pont, & dans le lointain, des montagnes. Larg. 31 pouces, haut. 21. B.

OTTO MARSEUS.

50. Plusieurs plantes étrangeres, au milieu, un chardon & des insectes; dans le fond, un paysage. Ce tableau est rendu avec une vérité frappante, & parfait en ce genre. Hauteur 24 pouces; largeur 20 pouces. T.

VAREGE.

51. Un petit payſage très-fin, avec des lointains & des montagnes : ſur le devant, Venus aſſiſe, & près d'elle, l'amour tenant ſon arc. Larg. 7 pouces; haut. 6. B.

Le même.

52. La toilette de Diane qui eſt aſſiſe ſur un rocher, au bord de l'eau; le fond eſt un payſage avec ruines : dans le haut, on voit deux Amours qui apportent des perles. Largeur 12 pouces; hauteur 9 pouces. C.

ARTT VANDER NEER.

53. La vue d'un canal de Hollande, orné de barques : on voit à droite un moulin & quelques chaumieres : à gauche, dans le lointain, un village avec des maiſons. Ce tableau, dont l'effet eſt au clair de la lune, eſt d'un clair d'obſcur bien entendu. Largeur 14 pouces, hauteur 10 pouces. B.

KUYLLEMBURG.

54. Une grotte formée par des rochers, où ſe voient des ruines d'architecture, & Vénus accompagnée de trois de ſes femmes; dans le fond, une riviere & une tour. Hauteur 33 pouces; largeur 21 pouces. B.

MATTHIEU DE VRIES.

55. La vue de quelques baraques de paysans, dans un paysage situé au bord d'une riviere : on voit un homme dans un bateau aborder à la premiere maison, dont la Maîtresse se fait voir sur la porte. Ce tableau est très-vrai, d'une fort bonne couleur, & d'une touche de goût. Largeur 22 pouces ; hauteur 18. B.

Le même.

56. L'entrée d'un bois où l'on voit trois figures d'hommes & de femme. Hauteur 18 pouces ; largeur 14. B.

J. VINANTS.

57. Un paysage grassement peint. La droite est occupée d'un chemin, où deux hommes sont arrêtés ; & sur le devant, plusieurs plantes.

ROMBOUT.

58. Deux tableaux d'un bon ton de couleur, & d'une touche large, représentant chacun une vue intérieure de forêt avec des figures, les unes à pied, les autres à cheval. Hauteur 23 pouces : largeur 19. B.

J. STEN.

59. Un tableau composé de trois figures, dont la principale est une fille. Elle est assise, & parle à un homme qui tient dans sa main une piece d'argent. Hauteur 20 pouces; largeur 16 pouces. B.

PALAMEDES.

60. Une bataille donnée dans une plaine : il regne dans ce tableau une bonne intelligence de couleur & un mouvement juste dans les figures & les chevaux. Largeur 30 pouces, hauteur 20 pouces. B.

BAUER BREUGEL.

61. L'intérieur d'une grange, où sont rassemblés nombre de paysans à l'occasion d'une noce, où l'on voit danser le marié & la mariée. Largeur 32 pouces; hauteur 22. B.

VERKUSSON.

62. Deux tableaux représentant des oiseaux morts, & des ustensiles de chasse bien peints & bien vrais. Hauteur 23 pouces; largeur 19. T.

HEDA.

63. Un tableau représentant une table de pierre, sur laquelle on voit un plat d'argent, dans lequel est un citron coupé, une orange aigre & un couteau ; derriere, est un pot à anse de porcelaine bleu & blanc ; une jatte de même sorte, contenant un citron & une orange aigre ; sur la droite un gobelet d'argent & un verre avec du vin blanc, tableau d'une grande vérité. Hauteur 28 pouces ; larg. 24. B.

PIERRE BLOTH.

64. Une vue d'un village de Hollande, au pied d'une riviere, dont l'eau est d'une couleur fraîche & transparente : on y voit un bacq qui passe un homme à cheval & autres personnes, & plus loin, une barquette avec deux Pêcheurs : tableau très-agréable. Largeur 26 pouces ; hauteur 29 pouces. B.

JACQUES DE ROORE.

66. Siléne ivre & tombé de dessus son âne ; plusieurs Faunes & Bacchantes de sa suite s'empressent de le relever ; le fond est un

payſage auſſi bien peint que les figures.
Largeur 8 pouces ; hauteur 6. C.

JEAN SPILBERG.

66. La Préſentation au Temple, compoſition de vingt figures ; pluſieurs parties de ce tableau & la belle harmonie de couleur indiquent que ce Peintre étoit Diſciple de Rembrandt. Haut. 44 pouces, larg. 34. B.

BEERE STRAAT.

67. Une vue de la ville de Lyon du côté du Rhône : la gauche de ce tableau qui eſt occupée par pluſieurs bâtimens & fabriques, des navires, quelques barques, & nombre de figures touchées avec eſprit, rendent ce morceau très-intéreſſant. Largeur 43 pouces ; hauteur 34. T.

DANIEL VERTANGEN.

68 Le ſommeil de Venus, environnée de ſes Nymphes : le fond eſt un payſage, orné d'arbres & de fabriques, qui eſt traverſé d'une riviere, où trois femmes ſe baignent ; tableau agréable par ſa compoſition. Largeur 16 pouces ; hauteur 13 pouces. T.

A. B. VANDEN ECHEN.

69. Un eſtaminet, où ſont raſſemblés nombre

d'hommes & de femmes occupés à ſe réjouir, à manger & à boire. Ce Maître à ſçu couvrir les défauts de deſſin, par une couleur chaude & tranſparente. Largeur 42 pouces, hauteur 32 pouces. B.

JEAN HAGEN.

70. Un payſage orné d'animaux, dont l'effet eſt un ſoleil couchant : le milieu eſt occupé par un lac ; à droite, de grands arbres qui annoncent l'entrée d'un bois ; dans le lointain, à gauche, on voit une grande Egliſe avec quelques maiſons, & des barques ; tableau de grand mérite.

71. Un tableau ſigné AB S. qui repréſente une ſuite des plus belles coquilles pour leur forme & leur couleur ; toutes ſont poſées ſur une table couverte d'un tapis violet. Le genre de ce tableau eſt porté au plus haut degré de perfection & de vérité, & peut-être le ſeul connu de ce grand Peintre. Largeur 30 pouces ; hauteur 22. T.

CRU ADAM PINAKER.

72. Un payſage au clair de la lune ; à droite eſt un grouppe de maiſons, & un moulin ; à gauche, un grand arbre, & dans le

milieu, un chemin où passent un homme à pied, & une femme montée sur un âne. Ce tableau est d'un effet très-piquant, & d'une touche très-spirituelle. Hauteur 21 pouces; largeur 18 pouces. B.

CRU DE CARLE DEKER.

73. Un paysage, dont les effets de lumiere sont justes & piquans. Le milieu est occupé par un roc percé de deux routes, & sur le haut, des fabriques. Larg. 25 pouc. hauteur 20 pouces. B.

74. Deux petits tableaux représentant la vue de différens villages de Hollande, situés au bord de l'eau; l'un est un lever de la lune; l'autre, celui du soleil: tous deux très-fins, & d'un effet très-piquant. Larg. 11 pouces; hauteur 7 pouces. B.

75. La vue d'un port de mer, avec plusieurs vaisseaux en rade: à droite, on voit un navire à la voile, & plusieurs autres dans le lointain. Largeur 30 pouces; hauteur 22 pouces. B.

76. Un grand bouquet de fleurs dans une caraffe de verre, posé sur une table de pierre. Hauteur 27 pouces; largeur 21. T.

77. Jupiter & Antiope, d'un Peintre Flamand, dont on ignore le nom. Largeur 11 pouces; hauteur 8 pouces. T.

78. Une bataille Turque, donnée ſur un pont; on voit à la nage pluſieurs Cavaliers. Ce tableau, dont on ignore le Maître, a du mérite & du feu dans ſa compoſition. Largeur 27 pouces; hauteur 18 pouces. B.

HOUBRAKEN.

79. La Déeſſe Flore, à laquelle deux Amours apportent des fleurs, derriere elle on voit dans un payſage terminé par des montagnes, trois Satyres & une Nymphe. Ce tableau eſt agréable, & d'un Maître qui a eu pour Diſciple Laireſſe. Hauteur 15 pouces, Largeur 10 pouces. T.

MOMERS ET DUJARDIN.

80. Un payſage, dans lequel on voit quelques moutons, deux vaches, fort au naturel, auprès des moutons trois figures bien diſpoſées, dont une eſt une Bergere en pied avec une quenouille; ſur la droite, on voit quelques rochers & des arbres, quelques plantes ſur le devant. Ce tableau eſt

plein de vérité & de nature. Largeur 40 pouces; hauteur 34 pouces. T.

Quelques bons Tableaux omis au Catalogue, lesquels seront divisés.

FIN.

Lû & approuvé, ce 20 Juillet 1776. COCHIN.

Vû l'Approbation, permis d'imprimer, ce 30 Juillet 1776.
LENOIR.

www.ingramcontent.com/pod-product-compliance
Ingram Content Group UK Ltd.
Pitfield, Milton Keynes, MK11 3LW, UK
UKHW021202230726
13926UKWH00001B/253

9 782014 462722